Mario Gomboli

BUENOS MODALES

Cosas que debes saber
para comportarte con exquisita educación

3.ª edición

B Bruño

Director de Ediciones y Producción:
José Ramírez
Jefe de Publicaciones Infantiles y Juveniles:
Trini Marull
Jefe de Producción:
José Valdepeñas

Coordinadora de Ediciones:
Cristina González
Coordinador de Producción:
Alberto García

Traducción:
Pilar Molina Llorente
Adaptación:
Fernando Lalana

Premio Andersen 1998
concedido en Italia
a la mejor colección divulgativa

© R. C. S. Libri y Grandi Opere S. p. A.
  Milán, Italia, 1996.
© Editorial Bruño, 1997.
  Maestro Alonso, 21.
  28028 Madrid.

Queda rigurosamente prohibida, sin la autorización escrita de los titulares del «copyright»,
bajo las sanciones establecidas en la ley, la reproducción total o parcial de esta obra
por cualquier medio o procedimiento, comprendidos la reprografía y el tratamiento informático,
así como la distribución de ejemplares mediante alquiler o préstamo públicos.
Pueden utilizarse citas siempre que se mencione su procedencia.

ALR63000030
ISBN: 84-216-3288-4
D. legal: BI 1.894–2000
Impresión: Grafo, S. A.
Printed in Spain

¿QUÉ ES ESO DE LOS BUENOS MODALES?

Lobo Rojo, en ocasiones, se pasa un poco de zalamero y empalagoso. Por el contrario, a veces, sin darse cuenta se comporta fatal, es grosero y maleducado.
Y, claro… ¡se lleva cada bronca…!
A Lobo Rojo le gustaría saber qué significa exactamente eso de «tener buenos modales».
¿Y a ti? ¡Pues sigue adelante!

Primer asunto: ¿Qué es un maleducado?
Un maleducado es, sobre todo,
alguien que no respeta a los demás.
Si oyes decir: «A mí, los demás me importan un bledo»,
seguramente estás cerca de un perfecto maleducado.
(Aléjate de él en cuanto puedas.)

Los maleducados suelen ser unos bobos engreídos.
Se creen más fuertes e importantes que nadie…
¡hasta que se topan con alguien todavía
más maleducado que ellos! (Ji, ji…)

La buena educación nos enseña, entre otras cosas, a no molestar a los que nos rodean, a echar una mano a quien lo necesita o a sonreír de cuando en cuando. ¡Pero si cuesta poquísimo ser amable!

La buena educación es como la risa o el sarampión: ¡Contagiosísima! ¡Ya lo verás!
(Por desgracia,
la mala educación
también se contagia.)

Además, la buena educación...

... nos ayuda a no meter la pata más de la cuenta. Si tenemos buenos modales nos ahorraremos muchísimas broncas, vergüenzas y bochornos.

... nos hace aparecer más majos y simpáticos ante los demás. (Seguro que haremos muchísimos más amigos.)

... y nos enseña a confiar en nosotros mismos si tenemos que tratar con desconocidos (aunque sean mayores, serios o quizá algo antipáticos.)

CUANDO COMAS...

Lobo Rojo tiene siempre un hambre de lobo.
(¡Faltaría más!)
A la hora de comer, se lanza sobre el plato como
una fiera y, en dos segundos, entre rugidos y gruñidos,
toda la comida ha pasado a su barriga.
Esto es un espectáculo bastante desagradable.

Sólo hay una cosa que le quita el apetito a Lobo Rojo:
Ver comer a Nino Cochino. ¡Qué asco, madre mía!
¡Lo pone todo perdido! Gruñe, escupe, salpica,
se mancha, mancha el suelo, mancha la mesa,
mancha a los demás…
Todos dicen: «Nino Cochino come como un cerdo.»
¡Claro! ¡Como que es un cerdo!
Pero tú no eres un cerdo. ¿O sí?

Si no quieres que los demás te miren con asco
a la hora de comer, toma nota:
Siéntate correctamente (espalda recta,
pies en el suelo y culo en el asiento).
Usa siempre los cubiertos (pero ¡jamás! te lleves
el cuchillo a la boca).
No hagas ruidos extraños como chupeteos
y rechupeteos.
Y, por descontado, nada de eructar al final.
¡Que ya no eres un bebé!

Por eso, cuando comas…

… no hables con la boca llena y mastica sin separar los labios. De lo contrario, tus escupitajos pueden llegar muuuuy lejos. (¡Puaj!)

… no juegues con la comida. Los alimentos son demasiado importantes para desperdiciarlos tontamente. ¡Y supone un gran trabajo cocinarlos!

… no hurgues en tu boca con los dedos. Si algo te molesta, usa la lengua. En caso necesario, utiliza el hilo dental y el cepillo. ¡Pero hazlo en el cuarto de baño, por favor! Gracias…

CUANDO TE ENCUENTRES CON ALGUIEN...

Cuando Lobo Rojo se encuentra por la calle con un conocido mira hacia otro lado y sigue su camino como si tal cosa. ¡Será grosero…!

Sin embargo, si sus amigos le hacen lo mismo a él...
¡Lobo Rojo se pone tristísimo!
«¿Qué les he hecho?», se pregunta. «¿Por qué Conejo Amarillo y sus hermanos no me saludan? ¿Estarán enfadados conmigo?»

A veces, basta con una sonrisa y un «hasta luego».
¡Pero no te conformes con eso!
Siempre hay cosas que contarle a un amigo.
¿Y por qué no darle un abrazo o un par de besos?
(o tres, si estamos en París).
Sin embargo, no te pongas muy pesado
si tu amigo o amiga dice que tiene mucha prisa,
¿de acuerdo?

Por eso, sé amable...

... cuando llames por teléfono, usa un tono agradable y di siempre quién eres. (A mucha gente le disgustan los jueguecitos del estilo: «¿A que no adivinas quién soy?»)

... deja pasar primero a los mayores. ¡Y procura no cerrarle a nadie la puerta en las narices!

... aunque tampoco hay que exagerar. No te pases de amable porque podrían decir de ti que eres un cursi y un relamido. Muchas veces basta con un simple «por favor», un «gracias» o un «de nada». ¡Y mejor si van acompañados de una sonrisa!

CUANDO PIDAS ALGO...

Para pedir cualquier cosa, Lobo Rojo monta un auténtico «número». Alborota, aúlla y patalea como un niño consentido. No soporta que le digan «no». ¡Qué bochorno…!

Sin embargo, cuando su amigo León Claro le exige
que le regale su helado, Lobo Rojo piensa:
«¡Vaya "morro" que tiene León Claro;
me gustaría decirle que no!»

Todos debemos comprender que no basta con pedir una cosa para conseguirla. A veces hay que aceptar el «no»… y esperar un momento mejor para insistir de nuevo.
Y siempre, siempre, sin olvidar nuestros «buenos modales». (Es el mejor sistema para conseguir el «sí».)

Por eso, cuando pidas algo...

... no organices un escándalo. Llorar, patalear, suplicar a grito pelado... hace que los mayores pierdan la paciencia y sólo consigas... que se enfaden contigo.

... no «tuerzas el morro» cuando te nieguen algo. Trata de comprenderlo, acéptalo... y piensa cómo puedes ser más convincente la próxima vez.

... y si has conseguido lo que querías... ¡enhorabuena! ¡Pero que no se te suban los humos, chaval! Nunca olvides dar las gracias.
«Es de bien nacido ser agradecido», dice un refrán.

CUANDO JUEGUES...

Cuando va al parque a jugar, Lobo Rojo se vuelve
un «chulito» insoportable: Grita, empuja, da patadas,
les quita los juguetes a los pequeños…
Fatal, fatal…, ¿no crees?

Sin embargo, todos los «chulitos» acaban tropezando con otro más chulo que ellos… y más fuerte. Cuando Elefantón pierde la paciencia y acaba por enfadarse, Lobo Rojo comprende que él se lo ha buscado y que no tiene derecho a protestar.

Para no meternos en líos y llevarnos bien con todo el mundo, basta con mostrarse simpático y respetar algunas normas.
¿Difícil? ¡Qué va a ser difícil, hombre! Ahora verás…

Por eso, cuando juegues…

… los columpios o toboganes de los parques y plazas son de todos. No los tengas ocupados demasiado rato, como si fuesen sólo tuyos.

… antes de coger un juguete de otro, pide permiso. Y si te lo presta… ¡cuídalo aún mejor que si fuese tuyo!

… piensa que jugar no consiste en hacer el bestia. Intenta no causar daño a tus compañeros y pon especial cuidado con los más pequeños. Si, pese a todo, provocas algún accidente, pide perdón enseguida.

CUANDO HAYA UNA FIESTA...

Lobo Rojo se lo pasa en grande en las fiestas de sus amigos. Corre, grita, salta… ¡fenomenal! Pero si se pasa de la raya, la cosa deja de ser divertida.

Una buena fiesta es aquella en la que todos los invitados se lo pasan bien.
¡Cuando celebres tu cumpleaños no pretendas ser el protagonista absoluto! Al contrario:
Un buen anfitrión está pendiente de que nadie se aburra o lo pase mal.

Piensa que en la próxima fiesta puedes ser tú el que acabe atado al palo…

Por eso, cuando vayas a una fiesta…

… si recibes un regalo, da siempre las gracias. Aunque no te guste. Aunque ya lo tengas. No es una mentira decir «gracias» con una sonrisa. (Y quizá mañana puedas cambiarlo por otra cosa en la tienda.)

… si pierdes jugando al parchís o al «trivial», no se te ocurra coger un berrinche. ¡Valiente tontería! Tener «buenos modales» también incluye saber perder con elegancia.

… la casa de un amigo no es un parque de juegos ni un gimnasio. No abuses de los gritos, las bromas pesadas o las volteretas (especialmente, si ves jarrones y cosas que pueden romperse).

CUANDO ESTÉS EN CASA...

Lobo Rojo piensa que en su casa puede hacer en todo momento lo que le dé la real gana. ¡Pues de eso nada, monada! Quizá podría hacerlo si viviera solo. Pero no si vive con otros.

¡Hay que ver lo que le fastidia a Lobo Rojo
que Coco Verde se encierre en el baño
durante horas y horas!
O que ponga la música a todo volumen.
O que se apropie siempre del mando a distancia
de la tele.
«¡Qué egoísta es Coco Verde!», se lamenta Lobo Rojo
sin darse cuenta de que él, a veces, hace lo mismo.

Cuando alguien se comporta como si fuese el único
habitante de la casa, comienzan las broncas
y las peleas. (Y ponerle a otro un ojo morado
no es de buena educación.)
En lugar de eso, intenta organizar la CONVIVENCIA
a gusto de todos. (Ejemplo: Si los papás te dejan ver
los dibujos animados, déjales ver a ellos
el telediario.)

Por eso, cuando estés en casa…

… no dejes tus cosas tiradas por cualquier parte. Alguien puede pensar que ya no las quieres… y tirarlas a la basura, o puede venir el malvado aspirador y… ¡tragárselas todas!

… no toques los objetos de los demás sin su permiso, ni metas las narices en el cuarto o en los cajones de otros. (Así podrás pedirles lo mismo a ellos.)

… ensuciar es muy fácil, pero limpiar y ordenar la casa cuesta mucho trabajo. No seas guarrete y procura no manchar ni desordenar más de la cuenta, ¿de acuerdo? (Podrías empezar por limpiarte siempre los zapatos en el felpudo.)

UN CONSEJO PARA TERMINAR

Después de leer este libro, Lobo Rojo dice que lo puede resumir en una sola frase. Y es tan importante que la ha grabado en una piedra
(para que no se le olvide):

COMPÓRTATE CON LOS DEMÁS
COMO TE GUSTARÍA
QUE LOS DEMÁS
SE COMPORTASEN
CONTIGO

ÍNDICE

¿QUÉ ES ESO DE LOS BUENOS MODALES?
página 3

CUANDO COMAS...
página 7

CUANDO TE ENCUENTRES CON ALGUIEN...
página 11

CUANDO PIDAS ALGO...
página 15

CUANDO JUEGUES...
página 19

CUANDO HAYA UNA FIESTA...
página 23

CUANDO ESTÉS EN CASA...
página 27